ミニ授業書
靖 国 神 社
――そこに祀られている人びと――

板倉聖宣・重弘忠晴

仮説社

本書は,『たのしい授業』仮説社,
2001年9月号に掲載された「ミニ
授業書《靖国神社》」をもとに,
加筆訂正したものです。

本文カット=藤森知子

はしがき

 2001年の夏,「小泉純一郎首相が8月15日に靖国神社に公式参拝する」ということが大きな社会問題になりました。新聞やテレビは毎日のようにその話題をとりあげて,「識者」と言われる人びとや一般の人びとの意見を報道しました。

 それなら,そのとき多くの人びとは「靖国神社というのはどんなものか。そこにはどんな人びとが祀られているのか」ということを十分知っての上で発言していたのでしょうか。必ずしもそうとは言えません。小泉首相にしても,「熟慮断行」と言っていたのに,ついに「15日ではなく13日に参拝する」という形で,事態を収拾することになりました。ところが,その後

また2002年4月21日に靖国神社に参拝してまたまた韓国や中国から抗議をうけています。

　一国の総理大臣にしてもそうなのですから，私のまわりの人びとが知らないことがたくさんあったとしても，当然と言えるでしょう。そこで，「もっとも基本的な事実も知らない」という人びとのために，このミニ授業書を作成することにしました。

　とはいえ，「靖国神社の問題」というのは，国際政治にもつながる大きな政治問題です。政治問題化した事柄に関しては，多くの人びとは自分の主張を繰り返すのみで，相手の意見をほとんど聞こうともしなくなります。そこでそういう問題を教育問題として捉えなおすのは，至難なことになりがちです。

　しかし，靖国神社の問題については，大部分

の人びとはごく一部の情報しか知らないままに，仕方なく自分の政治意見を述べていることが多いようです。そこで，そういう人びとでも十分納得のいくように，この問題を考えるためのもっとも基礎的な事実，〈多くの人びとが知っておきたいと思い，立場を異にする人びととでも共通に「事実」として認めざるを得ない事実だけ〉を提供することにした次第です。

　もちろん，この問題についてはすでに多くの事実を知っている人びともいます。そういう人びとにとっては，この本には易しすぎる問題がいくつもある，と思われるかも知れません。しかし，そういう問題についても知らない人びとも少なくないのです。この問題に関する知識がなかなか普及しなかったのは，「こんなことも知らないのか，非常識だ」と言われることを恐

れて,なかなか人に聞けなかった人が少なくなかったからだ,と思います。すでによく知っていることは,読みとばしながら付き合ってください。そして,他の人びとと話をするときには,「こういうことも知らない人がいる」ということを前提に話し合うようにしてください。

　この本は,著者たちの提唱している「仮説実験授業の授業書」の形式によって構成されています。そこで,問題を読んだら,まず自分の予想を選んでから,次のページを開いてその答えを知るようにできているのです。そこで,その答えを見る前に,何人かの人で話し合うと,考え方を深めることもできて,より楽しくなると思います。

　問題文の短い部分では,次のページの答えの前の空間が大きくあいたところができました。

そこで，その部分には，写真や絵を掲げることにしました。何かの参考になることもあろうか，と考えてのことです。

　本書を作成するに当たっては，住本健次・橋本淳治・岸勇司・犬塚清和・山田明彦・由良文隆・二階堂泰全・若松透，その他多くの人びとの協力を得ました。それらの人びとの協力のもとに，さらに次ページに掲げる典拠文献をもとにして，この授業書を作成し得たのです。記してお礼申し上げます。

板倉聖宣

　　＊仮説実験授業については，板倉聖宣『仮説実験授業』『仮説実験授業のABC』（いずれも仮説社）などを参照してください。

●**典拠文献**

①国学院大学日本文化研究所『(縮刷版) 神道事典』(1999)。

②靖国神社編・発行『靖国神社誌』(1911)。

③陸軍省・海軍省監修,靖国神社編纂『靖国神社忠魂史』全5巻,靖国神社社務所 (1933〜35)。

④靖国神社社務所編・発行のパンフレット『やすくに大百科』。

⑤1979年4月19日付『朝日新聞』および『読売新聞』の「靖国神社にA級戦犯合祀」の記事。

⑥大江志乃夫『靖国神社』岩波新書 (1984)。

⑦坪内祐三『靖国』新潮文庫 (2001),新潮社発行の同名の単行本 (1999) を文庫化したもの。

⑧加地伸行・新田均・三浦永光・尾畑文正『靖国神社をどう考えるか──公式参拝の是非をめぐって』小学館文庫 (2001)。

もくじ

〔問題 1〕靖国神社は，いつできたか……10
〔問題 2〕「日本国政府」との関係……15
〔問題 3〕戦死者はすべて祀られているか……19
〔問題 4〕「まつる」とか「合祀」の意味……23
〔問題 5〕全部で何人が祀られているか……25
〔問題 6〕沖縄戦で死んだ民間人の扱い……26
〔問題 7〕祀ることを決めたのは誰だろう……29
〔問題 8〕3人の「明治維新の功労者」……31
〔問題 9〕日清・日露戦争での戦病死者……35
〔問題10〕乃木・東郷，日露戦争の英雄……37
〔問題11〕日本国籍の植民地人の戦死者……41
〔問題12〕「大東亜戦争」の時の総理大臣……42
〔問題13〕誰が「戦犯も祀る」と決めたのか……46
〔問題14〕「戦犯も祀る」と決めた理由……49

　言葉の解説　「靖国」の「靖」の意味　11
　　　　　　　「祀る」と「祭る」　14
　　　　　　　「戦犯」，A級，B級，C級　44

〔問題１〕

　靖国神社が設立されたのは，どの時代のことだと思いますか。

　　予　想
ア．明治維新＝1868年よりも前。
イ．明治大正時代＝1868〜1925年の間。
ウ．〈1930〜45年のいわゆる十五年戦争〉とその少し前の時期＝1925〜1945年。
エ．敗戦の年＝1945年以後。

あなたの予想を選んでください。どうして，そう思いますか。

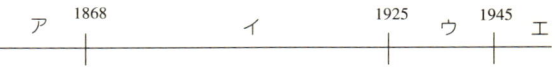

さて，どうでしょうか。

　　「こんなに大雑把な問題なら，誰だって正しく答えられる。こんな問題に誤答する

なんて非常識すぎる」
と思う人びともいます。どうも，そういう考えが，この種の問題について正しく考えることの障害となってきたようです。こういう問題でも確実な知識をもっていない人も少なくないのだ，ということを承知の上で，気軽につきあってください。

言葉の解説
「靖国(やすくに)」の「靖(やす)」の意味

　「靖国」の「靖」の字は，人名以外にはあまり使われない漢字です。〈音よみ〉では「青」と同じく「セイ」ですが，「安らかにする／安心する／やすんじる／しずめる」という意味があります。そこで，ふつう「やす」と〈訓よみ〉します。「靖国」というのは「国を安らかにする」という意味なのです。

さて、この〔問題1〕の正答は「イ」です。靖国神社の発行した印刷物には、

「日本の<u>国につくして死んだ人</u>をまつる神社で、明治維新まもないころに創建された」

とあります。

もっと詳しくいうと、国学院大学日本文化研究所『(縮刷版) 神道事典』(1999) の「靖国神社」の項には、次のように書かれています。

「〈由緒〉明治元年 (1868) 五月十日、太政官は、〈幕末以来の国事殉難者〉ならびに〈戊辰の役の国事殉難者〉の霊を京都東山に祭祀するよう、布告し、六月二日には、江戸城西丸広間において東征大総督有栖川宮熾仁親王が東京・奥州の各地で戦没した官軍将兵の招魂祭を執行した。以後、

戊辰の役の戦没者を祀る招魂社の創立の気運が各地で高まったが、東京においては、翌明治二年六月十二日、明治維新達成の犠牲となって国事に殉じた3588柱の御霊を、現在の九段坂上の地に招魂社を創建して鎮祭することが決定した。同六月二十九日、勅使五辻安仲が差遣され、小松宮嘉彰親王が祭主となり鎮座祭りが斎行された。これが靖国神社の起源で、はじめ〈東京招魂社〉と称したが、明治12年6月、〈靖国神社〉と改称し、別格官幣社に列せられた。……」

つまり、靖国神社が名実ともに創建されたのは、明治元年（1868）～明治12年（1879）にかけてのことなのです。

言葉の解説
「祀る」と「祭る」

　「祀る」も「祭る」も「まつる」と読みます。『角川漢和中辞典』には,「祭」は「物をそなえてまつること」で,「祀」は「神としてまつること。…」とありますが,その意味はほとんど同じで,「祭祀」と書くこともあります。そこで,本書では「まつる」で統一したかったのですが,靖国神社問題では「合祀」という言葉も出てくるので,「合祀」と「祀る」のつながりが分かるように,あえて「祀る」という文字を残しました。ご了解ください。

　なお,『日本国語大辞典』(小学館, 1981) の「まつる」の項には,

　　「まつ・る〔祭・祀〕①神仏・祖霊などに供物をささげたり,楽を奏したりして

> 敬(うやま)い，慰撫(いぶ)・鎮魂(ちんこん)し，祈願感謝(きがん)する。おまつりをする。②祈祷(きとう)する。③あつくもてなす。優遇する。また，大切にすえておく。④上位にすえて，あがめ尊(とうと)ぶ。まつりあげる」
>
> などと記されています。

〔問題2〕

現在，靖国神社と日本国政府とは，どのような関係になっていると思いますか。

　予　想

ア．民間の宗教法人の一つで，直接の関係はない。

イ．単なる宗教法人の一つである以上の，半官半民の組織。

ウ．国家機関の一つ。

今の靖国神社は,民間の宗教法人の一つです。
　しかし,1945年の敗戦のときまで,靖国神社は,国家のものでした。
　じつは,明治維新以後の日本は,天皇を中心とする国家で,神道を〈国教のようなもの〉と

空から見た **靖国神社**

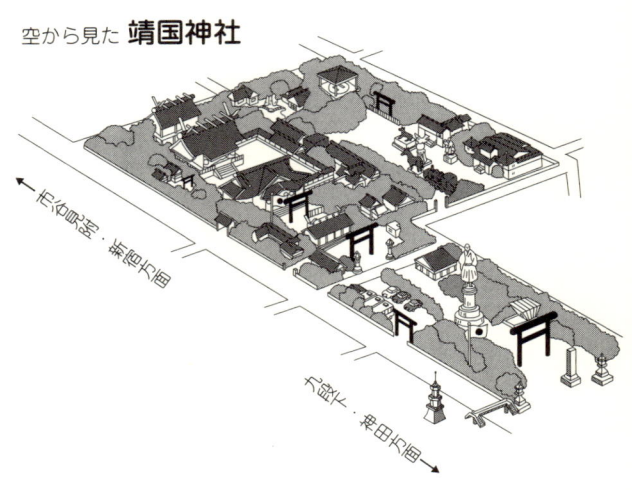

← 水道橋・新宿方面

大手町・東京駅方面 →

していました。そこで,神社はみな国のもので,神社の神主はみな国家の役人とされていました。

　しかし,敗戦後民主主義国家となった今では,神社はすべて国のものでなくなって,他の宗教

靖国神社の大鳥居

組織と同じように，宗教法人になりました。

　いまの神社の大部分は〈神社本庁（ほんちょう）という民間組織〉に属しています。しかし，靖国神社は単立（たんりつ）の神社です。

　〈神社本庁〉というのは，「本庁（ほんちょう）」などというので，しばしば公的機関のように誤解されますが，民間組織に過ぎません。

　靖国神社の発行した印刷物には，「日本の国につくして死んだ人をまつる神社で，明治維新まもないころに創建された」とありますが，この神社が「日本の国につくして死んだ人」として祀（まつ）っているのはどんな人で，どんな人は祀（まつ）られていないのでしょうか。

〔問題３〕

　明治維新のときの戦闘では，薩摩藩(さつまはん)や長州藩(ちょうしゅうはん)などの「朝廷＝官軍」側の軍隊と，会津藩(あいずはん)などの「幕府」側＝佐幕(さばく)の軍隊の間で，激しい戦闘が行われて，両者ともに多数の戦死者がでました。

　それなら，靖国神社には，その戦争のときに戦死した人はすべて祀(まつ)ってあるのでしょうか。

　　予　想

　ア．朝廷側（＝薩摩・長州側）について戦死した人だけを祀(まつ)っている。

　イ．朝廷側だけでなく，幕府側（佐幕派(さばく)）について戦死した人も祀(まつ)っている。

　「宗教的に死者をとむらう」というときには，「敵・味方の区別なく死者をとむらう」という考え方もありますが，どうでしょうか。

この正答は,「ア」です。官軍側で戦死した人びとだけを祀っているのです。

　先に引用した文章には,〈明治維新達成の犠牲となった人びと〉を祀るとありますが,敗者側について戦った人びとも同じ日本人で,〈明治維新達成の犠牲となった人びと〉であることには変わりがないのに,その人びとは祀られてないのです。

　そのためか,
　　　会津弔霊義会編『戊辰殉難追悼録』(1978)
というような本も出版されています。

　明治維新の戦争のとき,会津藩の武士たちは会津藩に忠義を捧げて戦争に殉じたのですが,靖国神社には祀られていないので,会津の人びとがそれとは別に殉難者を祀っているのです。

じつは，福島県会津の人びとは，その後もずっと薩摩・長州藩の人びとを嫌い続けたといいます。そこで，日本が連合国に敗戦してからかなり後になって，鹿児島県側から会津若松市に友好関係の回復を持ちかけて，やっと対立関係が緩和(かんわ)された，という話があります。

　いまの新潟県にあった長岡藩は，明治維新のとき一度は薩摩・長州軍から城を奪い返すという強さを示したことでも知られていますが，明治維新後もずっと薩摩・長州藩の人びとを憎み続けたので有名です。ところが，「大東亜戦争」が始まって長岡市出身の山本五十六(いそろく)元帥(げんすい)（1884～1943）が日本の連合艦隊司令長官になりました。そこでやっと，それまでの「鬼畜薩長(きちくさっちょう)」の感情が「鬼畜米英」の感情に変わることができたといいます。

靖国神社は，戦争で死んだ人のうち一方の人びとだけを祀ったために，日本国内の対立をなくすことができなかったのです。

〔問題4〕

「靖国神社が戦死者を祀る」とか「合祀する」というのは，具体的にはどういうことなのでしょうか。

　　予　想
ア．遺骨のある人は，その遺骨が靖国神社の境内にある墓に納められている。
イ．靖国神社には墓はなく，名簿があるだけ。

さて，どうでしょう。

靖国神社には墓地がありません。だから，戦死者の遺骨は全く納められていません。
　〈戦争で天皇側についた戦死者〉が合祀されることにきまると，その人の名前が「霊璽簿(れいじぼ)」という帳面に筆書きされます。そして神社の秋の例大祭のときに，
　　「魂を招く」
という宗教的な行事をします。そして，その「霊璽簿(れいじぼ)」が「奉安殿(ほうあんでん)」という建物に納められると，その人が「靖国神社に神として祀(まつ)られ＝合祀(ごうし)された」ことになる，ということです。

〔問題5〕
　これまで靖国神社に「祀られている人の数」は,どのくらいの数に達していると思いますか。

　　予　想
　ア．1万人以下。
　イ．1万〜10万人の間。
　ウ．10万〜100万人の間。
　エ．100万人以上。

さて，どうでしょう。

現在,靖国神社が発行している文書によると,
２４６万６０００余の人
が合祀されているそうです。(2000年10月現在)

〔問題６〕

沖縄には1945年に,アメリカ軍が上陸して,地上でも激しい戦闘が行われました。

そのとき,日本の正規の軍隊のほかに,師範学校の生徒たちが「鉄血勤皇隊」を組織したり,女学生たちが「ひめゆり部隊」を組織するなどして,積極的に戦闘に参加して死んだ人びともいました。

そのほかに,自分たちの身を守るのに一生懸命だったのに,砲撃などで死んでしまった人び

ともいます。

　それなら，このときに戦争でなくなった人びとは，みな靖国神社に祀られているのでしょうか。それとも，軍人・軍属のほかに，積極的に米軍との戦闘に参加した人びとだけが祀られているのでしょうか。

　　予　想
ア．沖縄で戦争のために死んだ人は，みな祀られている。
イ．沖縄で戦争のため死んだ人びとのうち，軍人とそれに準ずる人びと（日本軍のために積極的に戦った人びと）だけが祀られている。
ウ．軍人と軍属だけが祀られている。

どうしてそう思いますか。

〔問題6〕の正答は「イ」です。

軍人・軍属だけでなく、沖縄での戦争のとき「鉄血勤皇隊」とか「ひめゆり部隊」などと名をつけて、積極的に米軍に戦闘を挑んで死んだ人びとは「戦死」とされて、祀られています。

しかし、ひたすら戦闘の終わるのを期待していた一般の人びとは、戦争の犠牲となって死んでも、靖国神社には祀られてはいません。

沖縄以外の日本の領地では、地上戦が行われませんでした。しかし、アメリカの空軍の爆撃や艦隊による砲撃による被害は、日本のほとんど全土におよびました。そこで、軍人・軍属以外のたくさんの人びとがその犠牲になって死にました。広島では原子爆弾のために10万人もの人が死んだことは有名ですが、東京でも数回の爆撃で10万人ほどの人が死んでいます。

それらの戦争の被害者のうち,軍人・軍属は靖国神社に祀(まつ)られています。しかし,一般の人びとは,米軍の直撃弾(ちょくげきだん)に当たって即死(そくし)した人でも,靖国神社には祀(まつ)られていません。

〔問題7〕
　敗戦前に靖国神社に祀(まつ)られた人は,その戦死者の家族の申し出などにもとづいて決められていたのでしょうか。それとも,靖国神社側が一方的にきめていたのでしょうか。

　　予　想
ア．家族の申告または了承があって,祀(まつ)られた。
イ．家族の意思には関係なく,靖国神社や政府の判断だけで決められた。
さて,どうでしょう。

敗戦前に靖国神社に「祀られた人」は，その戦死者の家族の意思には無関係に祀られました。

戦没馬慰霊碑
靖国神社には他に鳩と犬の慰霊碑もある

〔問題8〕

 「明治維新の功労者」と言えば，坂本竜馬(りょうま)・西郷隆盛・大久保利通(としみち)がとくに有名です。

① 坂本竜馬(りょうま)（1835〜1867）は，明治維新の成立する寸前の慶応三年（1867）11月15日に京都で暗殺されて死にました。その坂本竜馬は靖国神社に祀(まつ)られているでしょうか。

　予　想
ア．祀(まつ)られている。
イ．祀られていない。

② 西郷隆盛(1827～1877)は,明治維新後の政府部内の意見の対立のため野におりて,明治10年(1873)に「西南戦争」を起こしましたが,政府軍に負けて自殺して亡くなりました。その西郷隆盛は,靖国神社に祀られているでしょうか。

　予　想
ア．祀(まつ)られている。
イ．祀られていない。

③ 大久保利通(としみち)(1830～1878)は,明治維新後,政府の中心になりましたが,明治11年(1878)5月,東京で暗殺されて亡くなりました。この大久保利通は,靖国神社に祀られているでしょうか。

予　想
ア．祀(まつ)られている。
イ．祀られていない。

さて，どうでしょう。
あなたの予想を選んでください。

靖国神社ははじめ「明治維新の殉難者」を祀るために設けられたのでしたが，のちに〈黒船来航の1853年から明治維新の1868年までの15年間に「安政の大獄」などによる犠牲者〉も祀ることになりました。

　そこで，①坂本竜馬（1835〜1867）も1883＝明治16年5月に合祀されています。これは，『靖国神社誌』(1911), 56丁に明記されています。

　②西郷隆盛（1827〜1877）は，しばしば「明治維新の最大の功労者」と言われますが，最後は「賊軍」として死んだので，靖国神社には祀られていません。

　③大久保利通（1830〜1878）は，祀られていません。平和になってから暗殺されたので，戦死に準ずるとはされていないのです。

〔問題9〕

　日本は明治27＝1894年に清(しん)国（中国）と戦争を起こしました。日清(にっしん)戦争です。そこで，これらの国外戦争での犠牲者も靖国神社に祀(まつ)るようになりました。

　じつは，この戦争のとき，日本軍の兵士で戦場でチブスや脚気などにかかって，病死した人がたくさんいました。戦場で病気にかかって死んだ兵士の数が，戦闘で亡くなった人の10倍近くにもなったのです。

　それなら，それらの「戦病死者」の人びとは，靖国神社に祀られたでしょうか。

　　予　想
　ア．祀(まつ)られている。
　イ．祀られていない。

このとき,「戦地で病死した人びとをどうするか」ということは,すぐには決まりませんでした。
　そこで,普通の戦死者については,明治29年11月の陸軍大臣の告示によって「靖国神社への合祀」が決まったのに,その2年ほど後の明治31年9月になってはじめて,「戦地において疾病もしくは災害に罹(かか)」った人も「特旨をもって戦死者同様,合祀」することが告示されています。政府が「戦死」にこだわっていたことが分かります。

〔問題10〕

日露戦争（1904〜1905）のとき，日本軍の将軍として戦った人のうち，とくに有名な人というと，

　　陸軍では乃木大将（乃木希典(のぎまれすけ)），

　　海軍では東郷元帥（東郷平八郎）

がいます。

① 乃木希典(まれすけ)（1849〜1912）は，明治天皇の「大喪(たいそう)の儀式」の日に自殺して死にましたが，この人は靖国神社に祀(まつ)られているでしょうか。

　　予　想

ア．祀(まつ)られている。

イ．祀られていない。

② 東郷平八郎（1847〜1934）は，昭和 9 ＝ 1934年に病気で亡くなったとき，国葬になりました。それでは，この人は靖国神社に祀られているでしょうか。

　予　想
ア．祀(まつ)られている。
イ．祀られていない。

「明治維新のときの最大の功労者たちでも，維新の戦争で戦死したのではない人びと」は，靖国神社に祀られていないことを見ると，「日露戦争での最大の功労者たちも，靖国神社には祀られていないだろう」とも考えられます。しかし「この戦争は国内の戦争ではなくて，外国の戦争だったから，別の判断が行われたかも知れない」とも想像できます。

乃木希典

東郷平八郎

〔問題10〕の答え──

　じつは,二人とも,靖国神社には祀られていないのです。

　その代わりというか,この二人のためには,「乃木神社」とか,「東郷神社」「東郷寺(とうごうじ)」という特別な神社・寺が設立されています。

〔問題11〕

　「満州事変」から「大東亜戦争」までのいわゆる「十五年戦争」の時期には，朝鮮（韓国）や台湾は日本の植民地でした。そこで，当時「外地」と呼ばれていたその地にすむ朝鮮（韓国）人や台湾（中国）人の国籍は日本で，日本軍に徴兵されました。そこで日本軍の一員として戦死した人びともいます。

　その人びとは靖国神社に祀られているでしょうか。

　　予　想
　ア．祀られている。
　イ．祀られていない。

その人びとも,靖国神社に祀られています。
　ところが,日本人の場合は,〈靖国神社に祀られている人〉の遺族には,遺族年金が政府から支給されているのに,いまは外国人となっている遺族の人びとには,遺族年金が支給されていません。そんなこともあって,敗戦後,それらの人びとの遺族たちから,「靖国神社に合祀されることは不本意だ」と訴えられたりする事件も起きています。

〔問題12〕
　日本が「大東亜戦争」の宣戦を布告したときの総理大臣は,東条英機大将でした。昭和16年（1941）10月に総理大臣となった東条英機（1884〜1948）は,陸軍大臣と内務大臣を兼ね

て，その年の12月に天皇の名において「大東亜(だいとうあ)戦争」をはじめたのです。はじめ日本は連戦連勝を重ねましたが，日本が負けてくると自ら参謀総長も兼ね，サイパン島が陥落(かんらく)した直後の1944年7月に総辞職しました。

　敗戦後，占領軍の逮捕をおそれてピストル自殺を図りましたが，失敗して，戦後アメリカ占領軍を中心とした極東国際軍事裁判において，最高の戦争責任を問われ，1948年12月絞首刑(こうしゅけい)となりました。

　東条英機も，靖国神社に祀(まつ)られているでしょうか。

　　予　想
　ア．祀られている。
　イ．祀られていない。

〔問題12〕の正答は,「祀られている」です。

毎年のように,日本の内閣総理大臣の靖国神社参拝が政治問題化するのは,東条英機らの「戦争犯罪人」が同神社に祀られていることに端を発しているのです。

言葉の解説
「戦犯」,Ａ級・Ｂ級・Ｃ級

「戦犯」というのは「戦争犯罪人」の略語です。「靖国神社問題」でいつも大きな問題になるのは,「Ａ級戦犯」と言われる人びとですが,「Ａ級戦犯」のほかに「Ｂ級／Ｃ級の戦争犯罪人」という人びともいます。

第二次世界大戦が始まる以前から,〈戦時国際法〉というのがあって,戦争犯罪者を処罰することになっていましたが,その国際法によっ

て有罪とされた人が「B級戦犯」です。

　また,「C級戦犯」というのは,それ以外に,「戦前または戦時中になされた殺害・虐待などの非人道的行為」を問われて,有罪とされた人を指します。

　「B級戦犯」と「C級戦犯」とは,アメリカ・イギリス・フランス・オランダ・中国・オーストラリア・フィリッピンの7国で,別べつに裁判され,5163人の人びとがおもに「捕虜や一般人に対する殺害・虐待(ぎゃくたい)・虐待致死(ちし)」を問われて有罪とされ,927人が死刑を判決されました。

　「A級戦犯」というのは,「侵略戦争の計画・開始・遂行等の戦争責任」を問われて,連合国による東京裁判で裁かれた人びとです。東条英機など25人の指導的政治家・軍人が有罪判決されました。

〔問題13〕

　極東国際軍事裁判において,「戦争犯罪人」として処刑された人まで靖国神社に祀ることにしたのは, 誰でしょうか。

　　予　想
　ア. 日本の政府。
　イ. 一宗教法人としての靖国神社。
　ウ. その他。
どうして, そう思いますか。

〔問題13〕の正答。

東条英機が刑死したときの日本は、天皇制国家であることをやめて、「主権在民」の民主主義国家になっていました。そこで、〔問題2〕の解説に記したように、それまで国家のものだった靖国神社は、一宗教法人となりました。

ですから、国際裁判で「戦争犯罪人」とされた人びとを靖国神社に祀(まつ)ったのは、少なくとも表向きは「日本国政府＝国家」ではありえません。一宗教法人の靖国神社が、独自の判断で祀ることにしたのです。

靖国神社がＡ級戦犯〔戦争政策の決定・推進に責任のある者〕とされた人びとまでひそかに合祀(ごうし)したのは、死刑執行後30年忌(き)のことです。ところが、1979年4月19日にそのことが明らかになって、新聞紙上などに大きく報ぜられて、

政治問題化したのでした。

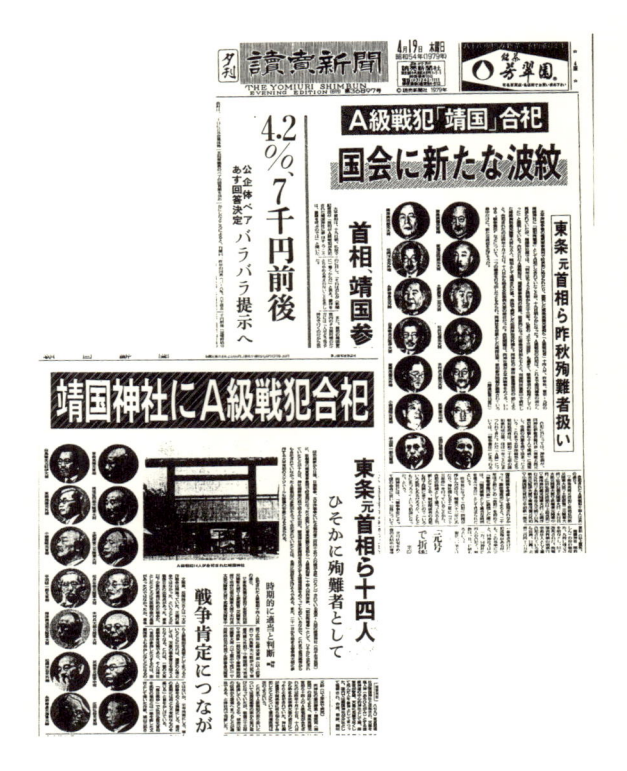

〔問題14〕

　それなら靖国神社は，どうして極東国際軍事裁判で「戦争犯罪人」として処刑された人まで，同社に祀ることにしたのでしょうか。

　　予　想
ア．「死者はすべて平等だから，戦争犯罪人といえども祀(まつ)るのが当然」という宗教的な考え方による。
イ．「極東国際軍事裁判は勝利者の一方的な違法な裁判だから，その犠牲者は戦死と同様」との判断による。
ウ．うやむやのうち祀られた。
どうして，そう思いますか。

　「戦争犯罪人でも祀(まつ)った」のか「戦争犯罪人だから祀(まつ)った」のか，というわけです。

もしも「ア」だとすると,「同社が戦争犯罪人まで祀った」ということを批難するのは,「宗教に対する無理解」ということにもなるかも知れません。

　しかし,「イ」だとすると,「戦争犯罪人も戦死者と同じ」という扱いをしたことになり,その歴史観の判断をめぐって異論が起きても不思議ではないでしょう。

　「ウ」だとすると,人によって解釈の違いによって議論が起きることになります。

　それなら,本当のところはどうなのでしょうか。

〔問題14〕の正答は「イ」なのです。「ア」でも「ウ」でもありません。

　2001年8月に入手した靖国神社社務所発行のパンフレット『やすくに大百科』には，そのことが次のようにはっきりと，こう書いてあります。

> 「大東亜戦争が終わった時，戦争の責任を一身に背負って自ら命をたった方々もいます。さらに，戦後，日本と戦った連合軍（アメリカ，イギリス，オランダ，中国など）の形ばかりの裁判によって一方的に〈戦争犯罪人〉というぬれぎぬを着せられ，むざんにも生命をたたれた1068人の方々……靖国神社ではこれらの方々を〈昭和殉難者(じゅんなんしゃ)〉とお呼びしていますが，神さまとしてお祀りされています」

というのです。
　これらの人びとも，戦争犯罪人として死刑にされなくて，病死か事故死したのなら，靖国神社に祀られることはなかったはずです。しかし，これらの人びとは，〈不当な国際裁判で〉戦争犯罪人として処刑されたので，それを「戦死相当」と見なして，靖国神社に祀ることにした，というのです。

あとがき

　さて，あなたは，これらの問題にどれだけ正しく答えられたでしょうか。

　じつは，このミニ授業書の問題は，仮説実験授業研究会の2001年夏の全国合宿研究大会の最中＝7月30日に作成を開始して，その翌日の最後の全体会での講演のときに，お集まりの方々に予想をたてていただきながら講演させていただきました。そして，8月4日に浦和で開催された仮説実験授業入門講座のときも，同じ問題を考えていただきました。そのとき痛感したのは，その短い期間の間に，多くの人びとの靖国神社に関する知識が相当に深化していることでした。小泉首相の靖国神社参拝問題に関する論議は，この問題に関する国民常識をかなり増大

させるという結果を生み出したのです。

　この本の元の原稿は9月3日発行の『たのしい授業』（仮説社）9月号に掲載されました。ところが，私の講演やその記事を見た人びとのうちの何人もの方々から，「この授業書はとても分かりやすい。靖国神社の問題も，こうやって教えられるととても納得がいく。こうやって人びとを説得する方法もあったのだ。目から鱗（うろこ）が落ちたように思った」といった感想を聞くことができました。『朝日新聞』の記者の一人も，そう言って褒めてくれました。

　そこで，仮説社の竹内三郎さんのお勧めもあって，独立の冊子として出版することにした次第です。

　さて，靖国神社問題というのは，「1931年に

はじまった〈満州事変〉,1937年の〈支那事変〉,1941年の〈大東亜戦争〉と相次いで,1945年8月15日の日本の敗戦に至るまで15年間もつづいた戦争と,その後行われた国際裁判をどう見るか」という歴史観の問題と深く関わっています。そこで,「その問題にまで言及しないと,すっきりしない」ということになりかねません。

　しかし,そのような歴史観にまで立ち入ると,少し政治問題に関わりすぎのようにも思えます。そこで,この授業書の本文では言及することを避けたのですが,最後に「個人的な見解」として私の意見を書かせていただくことにします。

　問題の核心は,「大東亜戦争」と呼ばれた戦争は,正義の戦争と見なしていいか,ということになります。

あの戦争の最中は，日本の国民の大部分は，その戦争に反対しなかったのですから，それらの人びとは，その戦争を「正義の戦争」と見なしていたと言えます。

　しかし，日本は敗戦後，「天皇中心の国家」であることをやめて，欧米なみの「民主国家」に生まれ変わりました。そのおかげで，長く続いた戦争もなくなって，平和な時代が続きました。経済もいまだかつてない高度成長を続けた結果，日本人の一人当たりの年間所得は，米国人と同じくらいの水準に達しています。そこで，敗戦後の日本の国民の立場からすると，「あの戦争は間違っていた」ということは明らかです。

　それは何も私個人の見解ではなく，日本の政府の公式見解ともなっています。そこで日本の政府は，敗戦後，その戦争中に多くの被害を与

えた近隣諸国の人びとに詫(わ)びる政策を取りつづけています。それは，日本の敗戦後行われた国際裁判が，たとえかなりの不公平感があるにしても，「全体としてはそれを受け入れる」ということから出発しています。それが，今日の日本の政治の常識となっているのです。

　ところが，靖国神社は，国際裁判を全面的に否定して戦争犯罪人を合祀したのです。これは，日本の大部分の国民の常識と日本政府の公式見解とは大きく違う歴史観といって間違いないでしょう。靖国神社は，とても明確な歴史観に立って「戦争犯罪人の合祀問題」を処理したのです。それは，敗戦以前に「日本人をあの戦争に駆り立てた大日本帝国の歴史観」そのものと言ってもいいでしょう。だから私は，「靖国神社の歴史観をそのまま受け入れることはできな

い」と言っても，教育の中立性を損なうことはない，と思っています。

　ところで，私がいまもっとも気にしているのは，日本の総理大臣の靖国神社参拝問題というと，「中国その他の近隣諸国への悪影響」ばかりが大きく話題になることです。しかしこの問題は，近隣諸国の問題であるより先に日本の国内問題なのです。「近隣諸国からの圧力」ばかりを問題にしていると，「そんな主体性のないことは情けない。そんな圧力にめげずに日本は日本で主体性のある行動を示すべきだ」というナショナリズム＝民族主義が強化されるのが心配です。そういう意味でも，この問題は，今後ともみんなが知っているに値する問題だと思うのです。それはまた，近現代史の教育にまつわる教科書問題とも関連しているのです。

靖国神社の問題に関しては，このほかに「遺族会」の問題がかかわっています。

　じつは，日本の政府は，敗戦前はもちろんのこと，敗戦後も，靖国神社に祀られている日本人に「遺族年金」を出しています。もっとも低い階級で死んだ人の場合でも年額180万円ほどの年金です。そこで，遺族会の人びとは，その他さまざまな形でその年金を増やすように運動を続けて，成果も得ています。

　遺族会の人びとの得たそれらの年金の総額はとても大きいので，その運動資金も多く，政府に対する圧力団体として無視できない存在になっています。政府関係者その他の政治家たちが，毎年のように靖国神社に参拝するのは，選挙で遺族会の人びとの票を得たいからでもあるので

す。

　しかし，そういう事にまで言及すると，「政治問題にあまりに介入しすぎ」ということにもなるでしょう。そこで，これで終わりにしておきます。

2002年6月

板倉聖宣

　＊明治以後の日本の戦争の歴史については，別に同じ著者たちによる『日本の戦争の歴史——明治以降の日本と戦争』という本が仮説社からでています。その本も，「すべての人々が認めざるを得ない基本的な事実だけ」を提供した本です。ご参照下さるよう，おねがいします。

板倉聖宣（いたくら きよのぶ）

1930年，東京下谷（現・台東区東上野）に生まれる。1958年，物理学史の研究によって理学博士となる。1959年，国立教育研究所（現・国立教育政策研究所）に勤務。1963年，「仮説実験授業」を提唱。1983年，編集代表として月刊誌『たのしい授業』（仮説社）を創刊。1995年，国立教育研究所を定年退職し，「板倉研究室」を設立。『原子論の歴史』『増補 日本理科教育史』（仮説社）など著書多数。

重弘忠晴（しげひろ ただはる）

1947年，東京都足立区に生まれる。1969年，早稲田大学第一文学部（東洋史専修）を卒業。千葉県の小・中学校教諭を歴任した後，2007年に定年退職。現在，「仮説実験授業50年史」編纂室長。著書に『はじめての仮説実験授業』（共著，国土社），『日本の戦争の歴史』（共著，仮説社）がある。

ミニ授業書　靖国神社――そこに祀られている人びと

2002年 7月10日	初版	（3000部）	
2003年 6月25日	初版2刷	（1500部）	
2005年 3月10日	初版3刷	（1500部）	
2005年10月10日	初版4刷	（1500部）	
2007年 6月20日	初版5刷	（1500部）	
2015年11月30日	初版6刷	（1200部　累計10200部）	

著者　板倉聖宣・重弘忠晴
ⓒITAKURA KIYONOBU, SHIGEHIRO TADAHARU, 2002
発行　株式会社　仮説社
　　　〒170-0002　東京都豊島区巣鴨1-14-5　第一松岡ビル3階
　　　TEL 03-6902-2121　FAX 03-6902-2125
　　　http://www.kasetu.co.jp/　　mail@kasetu.co.jp

印刷・製本　シナノ書籍印刷株式会社　Printed in Japan
用紙　鵬紙業：本文／アルトクリームマックス 955×740 70.5k
　　　　　　：表紙／OKトップコート＋四六 Y110k

ISBN 978-4-7735-0164-3　C0037

いま，民主主義とは　板倉聖宣セレクション1

中 一夫編　四六判224ペ　税別1900円

自然と社会の問題に〈理系のまなざし〉で問いかける——そこに浮かび上がる民主主義の意外な姿，そして私たちのあるべき姿とは？ 文系〜理系にまたがる幅広い仕事を成し遂げてきた著者の論文選集。

世界の国ぐに〔第5版〕　いろいろな世界地図

板倉聖宣　B6判109ペ　税別1600円

人口・GNP・面積・地理・宗教・言語・政治形態など，「世界」について考え，語るとき，もっとも基礎になる知識が学べる授業書。統計資料や国名を最新データに改めた第5版の登場！

世界の国旗〔第7版〕　世界の地理と歴史を考える

板倉聖宣　B6判126ペ　税別1600円

さまざまに見える国旗も，その色や形，模様などに注目していくと，それぞれの国の歴史や政治，宗教がみごとに概観できます。色塗りしながら世界を知る本。国旗，国名を最新データに改めた第7版です。

日本歴史入門

板倉聖宣　A5判108ペ　税別1200円

日本の歴史を，江戸時代の米と人口の話を中心に新しい角度から捉え直すことで，〈時代区分〉の意味と重要性が実感できます。社会と経済の法則性を解き明かす，もっとも基本的な歴史の授業書。

おかねと社会　　政府と民衆の歴史

板倉聖宣　Ｂ６判85ペ　税別1000円

各時代の「おかね」に目をつけて，その質と量を科学の目でたどってみれば，社会を動かすのは権力者だけでないことがはっきりと見えてきます。社会と経済の基本法則を発見する本。

禁酒法と民主主義　　道徳と政治と社会

板倉聖宣　Ｂ６判87ペ　税別1200円

善意や正義を振りかざすだけで，世の中を良くすることができるだろうか？　現実に起こった禁酒・禁煙法の成立と廃止の歴史を通し，社会と政治の問題を考え直す。正義ではなく，真理を教えるために。

生類憐みの令　　道徳と政治

板倉聖宣　Ｂ６判173ペ　税別1600円

徹底した動物保護政策をとった徳川綱吉。そのとき，民衆はどのように反応したか？「個人の道徳」と「社会的な政治」の関係を感動的に学ぶことができる，子どもたちに大人気の授業書。

入門・日本国憲法と三権分立

板倉聖宣 監修／**竹田かずき・長岡 清** Ａ６判86ペ 税別800円

「日本国憲法の構成」「三権の長の給料」という視点から，政治や思想的な立場によらない〈真理〉を明らかにしていきます。中学生から大人まで，幅広い年齢層の「民主政治の入門書」として最適の一冊。

日本の都道府県　と，日本の中の〈国〉の話
板倉聖宣　Ａ６判76ペ　税別800円
日本の都道府県や昔の〈国〉に関するいろいろな知識を確かめながら，大部分の都道府県や一部の〈国〉の名前が覚えられる授業書。都道府県についての新しい楽しい知識がきっと得られるでしょう。

えぞ地の和人とアイヌ　二つの民族の出会い
板倉聖宣　Ａ６判96ペ　税別800円
元々アイヌの人びとの土地だった北海道に，和人はどのようにして移り住むようになったのか？　室町・戦国時代から明治維新頃までの，アイヌの人びとと日本人の歴史が概観できます。

オリンピックと平和　文化と政治と宗教
吉田秀樹　Ａ６判64ペ　税別600円
世界的なスポーツの大会＝オリンピックは，どうして〈平和の祭典〉なのでしょう？　その答えは，オリンピックの歴史に。学術文化交流と外交活動の場，人々の平和への願いなど，その知られざる姿に迫ります。

焼肉と唐辛子　朝鮮＝韓国人とその歴史
板倉聖宣　Ａ６判64ペ　税別700円
日本では仏教の影響で肉食が普及しなかったというのは本当か？　仏教を日本に伝えた朝鮮＝韓国における焼肉と唐辛子の起源をたどると，隣国との食物・思想・政治・文化の歴史的つながりが浮き彫りに。